Nossa Senhora da Cabeça

Elam de Almeida Pimentel

Nossa Senhora da Cabeça

Santa invocada para os males físicos e emocionais que afligem a cabeça

Novena e ladainha

EDITORA VOZES

Petrópolis

© 2009, Editora Vozes Ltda.
Rua Frei Luís, 100
25689-900 Petrópolis, RJ
www.vozes.com.br
Brasil

3ª edição, 2015.

2ª reimpressão, 2023.

Todos os direitos reservados. Nenhuma parte desta obra poderá ser reproduzida ou transmitida por qualquer forma e/ou quaisquer meios (eletrônico ou mecânico, incluindo fotocópia e gravação) ou arquivada em qualquer sistema ou banco de dados sem permissão escrita da editora.

CONSELHO EDITORIAL

Diretor
Volney J. Berkenbrock

Editores
Aline dos Santos Carneiro
Edrian Josué Pasini
Marilac Loraine Oleniki
Welder Lancieri Marchini

Conselheiros
Elói Dionísio Piva
Francisco Morás
Gilberto Gonçalves Garcia
Ludovico Garmus
Teobaldo Heidemann

Secretário executivo
Leonardo A.R.T. dos Santos

Editoração: Fernando Sergio Olivetti da Rocha
Diagramação: AG.SR Desenv. Gráfico
Capa: André Gross e Omar Santos

ISBN 978-85-326-3858-8

Este livro foi composto e impresso pela Editora Vozes Ltda.

Sumário

1. Apresentação, 7
2. Histórico, 9
3. Novena a Nossa Senhora da Cabeça, 13
   - 1º dia, 13
   - 2º dia, 14
   - 3º dia, 16
   - 4º dia, 17
   - 5º dia, 19
   - 6º dia, 20
   - 7º dia, 22
   - 8º dia, 23
   - 9º dia, 25
4. Orações a Nossa Senhora da Cabeça, 27
5. Ladainha a Nossa Senhora da Cabeça, 29

Apresentação

Nossa Senhora da Cabeça é invocada pelas pessoas que padecem de cefaleia, como também de qualquer outro problema físico ou emocional relacionado à cabeça. É invocada também por mães com filhos com problemas que envolvem a aprendizagem escolar. É comemorada no dia 12 de agosto.

Esta devoção mariana, de origem espanhola, teve início na Andaluzia, na Serra Morena, onde se encontra o Pico da Cabeça.

Este livrinho contém o surgimento da devoção, sua novena, orações, ladainha e algumas passagens bíblicas, seguidas de uma oração para o pedido da graça especial, acompanhada de um Pai-nosso, uma Ave-Maria, um Glória ao Pai e uma jaculatória a Nossa Senhora da Cabeça.

HISTÓRICO

No século VII, quando a Espanha foi ocupada pelos árabes muçulmanos, o bispo de Adugar, na região de Andaluzia, mandou esconder a imagem da Virgem Maria no alto da Serra Morena, onde se encontra o Pico da Cabeça.

Entre os inúmeros poderes que se estabeleceram nesta região, havia o Pastor Juan de Rivas, filho de cristãos, que, depois de participar das guerras com os mouros, mutilado após ter o braço direito cortado e sem poder carregar armas, foi para Serra Morena para apascentar um pequeno rebanho.

Juan era muito piedoso, grande devoto da Virgem Maria e costumava passar longas horas em oração, enquanto suas ovelhas pastavam. Várias vezes, enquanto rezava junto aos penhascos, ouviu o toque de uma campainha, que parecia vir do cume da montanha.

No início, pensou que se tratasse de sino de uma ovelha de outro rebanho, pois havia mais pastores nas redondezas. Como o ruído continuava, resolveu aproximar-se em direção ao som e, de repente, deparou-se com uma luz extraordinária, que envolvia o cume da montanha. Embora com receio, mas movido pela curiosidade, Juan continuou a subida e, próximo de uma gruta, viu uma belíssima Senhora e, ao lado dela, uma campainha, que tocava sozinha. Teve a intuição de que estava diante de Nossa Senhora e ficou de joelhos. Nossa Senhora, com voz meiga, o tranquilizou, dezendo-lhe: "Não temas. Vai à cidade de Adujar dizer a todos que é vontade de Deus que seja construído neste lugar um santuário, onde eu seja venerada e onde serão operados grandes prodígios".

Juan de Rivas prometeu fazer tudo o que Nossa Senhora lhe pediu, mas receava que os habitantes de Adujar zombassem dele, achando-o visionário ou mentiroso. Nossa Senhora, adivinhando seus pensamentos, o tranquilizou, dizendo-lhe: "Vai, o testemunho de tuas palavras será o teu braço perdido, que eu te restituo". Imediatamente Juan de Rivas sentiu o braço normal, como se nunca o houvesse perdido.

Chegando à cidade, transmitiu a mensagem e o povo a acolheu, e, entusiasmados, partiram para o Monte da Cabeça para ver a imagem. Aclamaram Nossa Senhora como padroeira da vila e, auxiliados por cidades vizinhas, construíram belíssimo santuário no local da aparição, que ficou conhecido como Santuário de Nossa Senhora da Cabeça.

Entre os milagres realizados no santuário, há o de um condenado à morte que, na proximidade de sua execução, invocou Nossa Senhora da Cabeça, prometendo depositar aos pés da imagem uma cabeça de cera, caso recebesse a graça do reconhecimento de sua inocência e o perdão. No momento da execução, chegou uma mensagem, trazendo-lhe o perdão e cancelando a execução. O voto foi cumprido e, a partir dessa data, Nossa Senhora da Cabeça é representada trazendo nas mãos uma cabeça. Nossa Senhora está de pé, com o Menino Jesus no braço esquerdo. Está vestida com uma túnica branca e um manto ornamentado de dourado, que lhe envolve o corpo, passando sobre o braço direito. Sob seus pés aparecem vários anjos, uns em corpo inteiro, outros apenas com as cabeças aladas. O Menino Jesus veste uma camisola branca, e ambos usam coroa imperial.

O culto a Nossa Senhora da Cabeça chegou ao Brasil com a família de Martim Corrêa de Sá, fundador da cidade do Rio de Janeiro, no século XVII. Casado com uma espanhola da região de

Andaluzia, ele aprendeu essa devoção com a esposa. Mandou construir uma capela para Nossa Senhora da Cabeça no terreno de sua propriedade. Mais tarde, seu filho Martim de Sá conseguiu a concessão de colocar a imagem da santa na matriz do Morro do Castelo. Com a mudança da Sé para a Igreja de Nossa Senhora do Rosário, a imagem de Martim de Sá, que era de barro, quebrou-se. O Cônego Gaspar Ribeiro Pereira, grande devoto de Nossa Senhora da Cabeça (†1734), mandou vir outra de Lisboa e colocou-a no altar do lado do Evangelho.

Naquele templo, durante muitos anos, Nossa Senhora da Cabeça foi venerada, até que, em 1808, com a transferência da Sé para a Igreja dos Carmelitas, a imagem de Nossa Senhora foi transportada para o local onde ainda se encontra.

Novena a Nossa Senhora da Cabeça

1º dia

Iniciemos com fé este primeiro dia de nossa novena, invocando a presença da Santíssima Trindade: em nome do Pai, do Filho e do Espírito Santo. Amém.

Leitura bíblica: Sl 62,6-7

Só em Deus minha alma está tranquila, pois dele vem minha esperança.
Só Ele é minha rocha e minha salvação, minha fortaleza: jamais serei abalado.

Reflexão

Enfrentamos provações, problemas, mas, se depositarmos nossa confiança em Deus, teremos paz, esperança. Quando abro meu coração a Deus, Ele me ouve, me ama, me ajuda. Nossa dor diminui quando a compartilhamos com Deus.

Oração

Nossa Senhora da Cabeça, ajudai-me a confiar em Deus, a abrir meu coração a Ele em oração. Intercedei junto a vosso amado filho para o alcance da graça que a vós suplico... (fazer o pedido).

Pai-nosso.

Ave-Maria.

Glória ao Pai.

Nossa Senhora da Cabeça, intercedei por nós!

Jaculatória

Salve Imaculada, Rainha da Glória, Virgem Santíssima da Cabeça, em cujo admirável título fundam-se nossas esperanças, por serdes Rainha e Senhora de todas as criaturas.

Refúgio dos pecadores, rogai por nós!

2º dia

Iniciemos com fé este segundo dia de nossa novena, invocando a presença da Santíssima Trindade: em nome do Pai, do Filho e do Espírito Santo. Amém.

Leitura bíblica: Sl 40,1-5

Esperei confiante no Senhor, e ele se inclinou para mim e ouviu o meu clamor.

Tirou-me do fosso fatal, do brejo lamacento, plantou meus pés sobre o rochedo e firmou meus passos.

Pôs em minha boca um cântico novo, um hino de louvor ao nosso Deus.

Muitos abrirão os olhos e, reverentes, confiarão no Senhor.

Feliz aquele que pôs sua confiança no Senhor.

Reflexão

A vida tem muitas curvas, rampas, trilhas que seguimos e, às vezes, saímos delas, esquecemos de Deus e precisamos rezar, pedir ajuda a Ele para retornarmos ao caminho certo. Deus nos levanta, nos conduz de volta e nos fortalece.

Oração

Obrigado(a) meu Deus, por permitirdes que voltemos continuamente a vós. Nossa Senhora da Cabeça, mãe amada, a vós imploro por... (falar o nome da pessoa e o pedido, motivo da novena).

Pai-nosso.

Ave-Maria.

Glória ao Pai.

Nossa Senhora da Cabeça, intercedei por nós!

Jaculatória

Salve Imaculada, Rainha da Glória, Virgem Santíssima da Cabeça, em cujo admirável título fundam-se nossas esperanças, por serdes Rainha e Senhora de todas as criaturas.

Refúgio dos pecadores, rogai por nós!

3º dia

Iniciemos com fé este terceiro dia de nossa novena, invocando a presença da Santíssima Trindade: em nome do Pai, do Filho e do Espírito Santo. Amém.

Leitura bíblica: Sl 32,10

> Muitos sofrimentos aguardam o ímpio, mas a misericórdia do Senhor envolve quem nele confia.

Reflexão

Todos nós levamos um tempo para perceber quando algo está errado espiritualmente, quando abandonamos os mandamentos de Deus, sentindo que estamos sós, culpando alguém por nossos problemas. Mas, ao permitir que Deus assuma nossa vida, começamos a sentir a presença dele e aprendemos a confiar nele.

Oração

Nossa Senhora da Cabeça, ajudai-me a entregar meus problemas, minha vida ao vosso amado filho, aprendendo a confiar cada dia mais nele. Nossa Senhora da Cabeça, socorrei-me nesta hora de aflição, alcançando a graça de que tanto necessito... (fazer o pedido).

Pai-nosso.

Ave-Maria.

Glória ao Pai.

Nossa Senhora da Cabeça, intercedei por nós!

Jaculatória

Salve Imaculada, Rainha da Glória, Virgem Santíssima da Cabeça, em cujo admirável título fundam-se nossas esperanças, por serdes Rainha e Senhora de todas as criaturas.

Refúgio dos pecadores, rogai por nós!

4º dia

Iniciemos com fé este quarto dia de nossa novena, invocando a presença da Santíssima Trindade: em nome do Pai, do Filho e do Espírito Santo. Amém.

Leitura bíblica: Sl 70,5-6

> Exultem e alegrem-se por causa de ti os que te buscam!
>
> "Deus é grande", dizem sem cessar os que amam a tua salvação!
>
> Quanto a mim, um pobre aflito, ó Deus, vem depressa até mim!
>
> Tu és meu auxílio e libertador: Senhor, não tardes mais!

Reflexão

Deus é nosso amparo e auxílio em todas as situações, embora, na maioria das vezes, não o percebamos. Ele vem a nós de muitas maneiras diferentes e, para o sentirmos, para ouvirmos sua voz, basta que agucemos nossos ouvidos.

Oração

Nossa Senhora da Cabeça, aguçai nossos ouvidos para que ouçamos a voz de Deus no nosso dia a dia, em todas as situações, principalmente nas que nos causam aflições. Nossa Senhora da Cabeça, a Vós imploro a graça de que tanto necessito... (fazer o pedido).

> Pai-nosso.
>
> Ave-Maria.

Glória ao Pai.
Nossa Senhora da Cabeça, intercedei por nós!

Jaculatória

Salve Imaculada, Rainha da Glória, Virgem Santíssima da Cabeça, em cujo admirável título fundam-se nossas esperanças, por serdes Rainha e Senhora de todas as criaturas.

Refúgio dos pecadores, rogai por nós!

5º dia

Iniciemos com fé este quinto dia de nossa novena, invocando a presença da Santíssima Trindade: em nome do Pai, do Filho e do Espírito Santo. Amém.

Leitura do Evangelho: 1Jo 5,15

> E, se sabemos que nos ouve em tudo que lhe pedimos, sabemos que possuímos o que lhe tivermos pedido...

Reflexão

Quando nós oramos com fé, e de acordo com a vontade de Deus, Ele nos responde. Às vezes, demoramos para perceber ou compreender a resposta, mas esta sempre vem. Assim, vamos confiar, rezando e entregando nossa vida, a vida de nossos familiares, a Deus, sempre o glorificando e louvando-o.

Oração
Nossa Senhora da Cabeça, obrigado(a) por vosso amado filho, que a todos consola nos momentos de tristeza. Ajudai-me a confiar cada vez mais nele e em vós. Levai minha súplica a Ele, ajudando-me a alcançar a graça que suplico... (fazer o pedido).
> Pai-nosso.
> Ave-Maria.
> Glória ao Pai.
> Nossa Senhora da Cabeça, intercedei por nós!

Jaculatória
Salve Imaculada, Rainha da Glória, Virgem Santíssima da Cabeça, em cujo admirável título fundam-se nossas esperanças, por serdes Rainha e Senhora de todas as criaturas.
Refúgio dos pecadores, rogai por nós!

6º dia
Iniciemos com fé este sexto dia de nossa novena, invocando a presença da Santíssima

Trindade: em nome do Pai, do Filho e do Espírito Santo. Amém.

Leitura bíblica: Gn 18,13
> E o Senhor disse a Abraão: "Porque Sara riu, dizendo: 'será mesmo que vou ter um filho, sendo tão velha?' Há alguma coisa impossível para o Senhor?"

Reflexão
Há alguma coisa impossível para Deus? Lembremos da promessa de Deus a Sara e que Ele cumpriu, apesar do descrédito dela. Vamos refletir sobre a fidelidade de Deus neste momento e pedir à mãe dele, Nossa Senhora, forças para acreditar que, na hora certa, ele responde nossas súplicas.

Oração
Nossa Senhora da Cabeça,
Ajudai-nos a compreender que nada é difícil para Deus. Preciso de vosso auxílio e proteção. Recorremos a vossa poderosa intercessão para... (fazer o pedido).

Pai-nosso.

Ave-Maria.

Glória ao Pai.

Nossa Senhora da Cabeça, intercedei por nós!

Jaculatória

Salve Imaculada, Rainha da Glória, Virgem Santíssima da Cabeça, em cujo admirável título fundam-se nossas esperanças, por serdes Rainha e Senhora de todas as criaturas.

Refúgio dos pecadores, rogai por nós!

7º dia

Iniciemos com fé este sétimo dia de nossa novena, invocando a presença da Santíssima Trindade: em nome do Pai, do Filho e do Espírito Santo. Amém.

Leitura do Evangelho: Jo 8,12

> Jesus falou-lhes outra vez: "Eu sou a luz do mundo. Quem me segue não andará nas trevas, mas terá a luz da vida".

Reflexão

Se ouvirmos a voz de Jesus, seguirmos suas orientações, Ele nos guiará sempre, mesmo nos momentos difíceis.

Oração

Nossa Senhora da Cabeça,

Obrigado(a) por nos ensinardes a acreditar em Jesus e por caminhardes ao nosso lado. Con-

cedei-me a vossa paz, mesmo nas situações difíceis. Alcançai-me a graça de que tanto necessito... (fazer o pedido).
>Pai-nosso.
>Ave-Maria.
>Glória ao Pai.
>Nossa Senhora da Cabeça, intercedei por nós!

Jaculatória
Salve Imaculada, Rainha da Glória, Virgem Santíssima da Cabeça, em cujo admirável título fundam-se nossas esperanças, por serdes Rainha e Senhora de todas as criaturas.
Refúgio dos pecadores, rogai por nós!

8º dia

Iniciemos com fé este oitavo dia de nossa novena, invocando a presença da Santíssima Trindade: em nome do Pai, do Filho e do Espírito Santo. Amém.

Leitura do Evangelho: Lc 1,41-45
>Aconteceu que, mal Isabel ouviu a saudação de Maria, a criança saltou em seu ventre; e Isabel, cheia do Espírito Santo, exclamou em voz alta: "Bendita és tu entre

as mulheres e bendito é o fruto do teu ventre! Donde me vem a honra que a mãe do meu Senhor venha a mim? Pois quando soou aos meus ouvidos a voz de tua saudação, a criança saltou de alegria em meu ventre. Feliz é aquela que teve fé no cumprimento do que lhe foi dito da parte do Senhor".

Reflexão
Maria, mãe de Jesus, não colocou limites em sua fé. Acreditou e aceitou a vontade de Deus. Isabel também, com sua fé, aceitou a vontade de Deus e louvou Maria, agradecendo sua visita. Semelhante à Isabel, vamos louvar, agradecendo a presença de Maria em nossa vida.

Oração
Nossa Senhora da Cabeça, mãe de Jesus, eu vos agradeço por minha vida. Coloco em vossas mãos todos os meus problemas e peço vossa intercessão para alcançar a graça que vos peço nesta novena... (fazer o pedido).

Pai-nosso.

Ave-Maria.

Glória ao Pai.

Nossa Senhora da Cabeça, intercedei por nós!

Jaculatória

Salve Imaculada, Rainha da Glória, Virgem Santíssima da Cabeça, em cujo admirável título fundam-se nossas esperanças, por serdes Rainha e Senhora de todas as criaturas.

Refúgio dos pecadores, rogai por nós!

9º dia

Iniciemos com fé este nono dia de nossa novena, invocando a presença da Santíssima Trindade: em nome do Pai, do Filho e do Espírito Santo. Amém.

Leitura do Evangelho: Mt 11,28-30

Vinde a mim vós todos, que estais cansados e sobrecarregados, e eu vos darei descanso. Tomai sobre vós o meu jugo e aprendei de mim, que sou manso e humilde de coração, e achareis descanso para vossas almas. Pois meu jugo é suave e meu peso é leve.

Reflexão

"Vinde a mim, vós todos que estais cansados e sobrecarregados" – esta frase do Evangelho de Mateus restaura nossa esperança de que Deus nos ouve. Frequentemente, nós sentimos que não podemos suportar o peso das dificuldades e provações sozinhos. Mas reconhecer que Deus sabe de todas essas dificuldades e que podemos recorrer a Ele e confiar nele nos alivia.

Oração
Nossa Senhora da Cabeça, mãe querida, nós vos agradecemos por dividirdes os nossos fardos convosco e com vosso amado filho. Intercedei junto a Jesus para o alcance de meu pedido... (falar o pedido). Em vossas mãos maternais coloco a intenção desta novena... (repetir o pedido).

Pai-nosso.

Ave-Maria.

Glória ao Pai.

Nossa Senhora da Cabeça, intercedei por nós!

Jaculatória
Salve Imaculada, Rainha da Glória, Virgem Santíssima da Cabeça, em cujo admirável título fundam-se nossas esperanças, por serdes Rainha e Senhora de todas as criaturas.

Refúgio dos pecadores, rogai por nós!

Orações a Nossa Senhora da Cabeça

Oração 1

Nossa Senhora da Cabeça,

Vós, que padecestes ao ver vosso filho com a cabeça coroada de espinhos, livrai-me e a todos os meus familiares de qualquer enfermidade da cabeça.

Suplico-vos também que livreis nossas cabeças das perturbações causadas pelos inimigos espirituais e terrenos.

Nossa Senhora da Cabeça, que jamais foi invocada em vão, dignai-vos a socorrer-me, intercedendo por esta graça que a vós suplico... (falar a graça pretendida).

Oração 2

Nossa Senhora da Cabeça,

Eis-me aqui, prostrado aos vossos pés, ó mãe do céu e Senhora nossa! Tocai o meu coração a fim de que deteste sempre o pecado e ame a vida austera e cristã que exigistes dos vossos devotos. Tende piedade das minhas misérias espirituais! E, ó mãe terníssima, não vos esqueçais também das misérias que afligem o meu corpo e enchem de amargura a minha vida terrena. Dai-me saúde e forças para vencer todas as dificuldades que me opõe o mundo. Não permitais que a minha pobre cabeça seja atormentada por males que me perturbem a tranquilidade da vida. Pelos merecimentos de vosso divino Filho, Jesus Cristo, e pelo amor a que Ele consagrais, alcançai-me a graça que agora vos peço (pede-se a graça que se deseja obter). Aí tendes, ó Mãe poderosa, a minha humilde súplica. Se quiserdes, ela será atendida.

Nossa Senhora da Cabeça, rogai por nós.

LADAINHA A NOSSA SENHORA DA CABEÇA

Senhor, tende piedade de nós.
Jesus Cristo, tende piedade de nós.
Senhor, tende piedade de nós.

Jesus Cristo, escutai-nos
Jesus Cristo, atendei-nos.

Deus, Pai do céu, tende piedade de nós.
Deus Filho, Redentor do mundo, tende piedade de nós.
Deus Espírito Santo, tende piedade de nós.
Santíssima Trindade, que sois um só Deus, tende piedade de nós.

Santa Rita, rainha dos mártires, rogai por nós.
Santa mãe de Deus, protetora das domésticas, rogai por nós.
Nossa Senhora da Cabeça, rogai por nós.

Nossa Senhora da Cabeça, senhora nossa, rogai por nós.
Nossa Senhora da Cabeça, mãe terníssima, rogai por nós.
Nossa Senhora da Cabeça, mãe poderosa, rogai por nós.
Nossa Senhora da Cabeça, mãe imaculada, rogai por nós.
Nossa Senhora da Cabeça, rainha da glória, rogai por nós.
Nossa Senhora da Cabeça, virgem santíssima, rogai por nós.
Nossa Senhora da Cabeça, refúgio dos pecadores, rogai por nós.
Nossa Senhora da Cabeça, mãe querida, rogai por nós.
Nossa Senhora da Cabeça, mãe do céu, rogai por nós.
Nossa Senhora da Cabeça, mãe da misericórdia, rogai por nós.
Nossa Senhora da Cabeça, mãe piedosa, rogai por nós.
Nossa Senhora da Cabeça, consolo nas tristezas e atribulações, rogai por nós.
Nossa Senhora da Cabeça, fortaleza nossa, rogai por nós.

Nossa Senhora da Cabeça, mãe da esperança, rogai por nós.

Nossa Senhora da Cabeça, mãe da paz, rogai por nós.

Nossa Senhora da Cabeça, mãe piedosa, rogai por nós.

Nossa Senhora da Cabeça, mãe do amparo, rogai por nós.

Nossa Senhora da Cabeça, saúde dos enfermos, rogai por nós.

Nossa Senhora da Cabeça, consoladora dos aflitos, rogai por nós.

Nossa Senhora da Cabeça, defensora contra os males que atingem a cabeça, rogai por nós.

Nossa Senhora da Cabeça, auxílio nas necessidades e aflições que perturbam a cabeça, rogai por nós.

Nossa Senhora da Cabeça, mãe que nos tranquiliza, rogai por nós.

Cordeiro de Deus, que tirais os pecados do mundo, perdoai-nos, Senhor.

Cordeiro de Deus, que tirais os pecados do mundo, ouvi-nos, Senhor.

Cordeiro de Deus, que tirais os pecados do mundo, tende piedade de nós, Senhor.

Jesus Cristo, ouvi-nos.
Jesus Cristo, atendei-nos.

Rogai por nós, Nossa Senhora da Cabeça.
Para que sejamos dignos das promessas de Cristo.